DOM A. DU BOURG

O. S. B.

PRIEUR DE SAINTE-MARIE

HUYSMANS INTIME

Lettres et Souvenirs

PARIS

LIBRAIRIE DES SAINTS-PÈRES

83, RUE DES SAINTS-PÈRES, 83

1908

HUYSMANS INTIME

A LA MÊME LIBRAIRIE

Le Bloc Catholique. *Revue mensuelle*. — Un an : *France* : **5** francs. — *Étranger* : **6** francs.

Fondé le 1ᵉʳ novembre 1902 par M. François Esquirol et quelques amis dévoués, le *Bloc Catholique* s'est résolument placé, dès la première heure, sur le terrain purement et intégralement catholique, en dehors et au-dessus des contingences des partis, pour lutter efficacement contre le mal actuel. La politique moderne étant surtout une politique anticatholique, il importait en effet essentiellement d'arborer le drapeau catholique, seul qualifié pour tenir tête aux adversaires de toutes nos traditions.

COLLECTION « FIGURES DE FEMMES »

Madame Craven intime, par M. EUG. FLORNOY, avec préface du Vᵗᵉ DE MEAUX. Un joli volume in-12, orné d'un portrait. Prix. . . . . **2** fr.

Le talent de M. Flornoy était merveilleusement approprié à un tel sujet : personne ne pouvait mieux nous introduire dans l'intimité de *Mᵐᵉ Craven*, et l'hommage qu'il lui a rendu est digne d'elle, au témoignage de M. de Meaux.

Les innombrables lecteurs du *Récit d'une Sœur* en voudront connaître l'auteur, qui s'y est omise. On peut donc dire que M. Flornoy a donné au célèbre livre une suite nécessaire. C'est un heureux début pour la nouvelle collection de *Figures de Femmes*, où doivent prendre place des âmes d'élite que nos contemporains méconnaissent surtout parce qu'ils les ignorent.

Madame Swetchine intime, par M. ANDRÉ PAVIE. Un joli volume in-12, orné d'un portrait en simili-gravure. Prix. . . . . **2** fr.

Si fines et si précieuses que soient certaines pensées de Mᵐᵉ Swetchine, si sérieuse et si touchante que soit sa correspondance, on peut dire pourtant que sa plus belle œuvre, ce fut encore sa vie. Et M. André Pavie nous conte cette vie avec le talent délicat qui convenait à un tel sujet. On y voit toute l'influence bienfaisante que peut exercer une grande âme de femme. Plus proche de nous, en son intimité révélée, l'amie de Lacordaire et de Falloux n'en apparaît que plus admirable.

(Le Correspondant.)

Eugénie de Guérin intime, par M. le Cᵗᵉ DE COLLEVILLE, avec préface de FRANÇOIS COPPÉE, de l'Académie Française. Un joli volume in-12, orné d'un portrait. Prix. . . . . **2** fr.

(Ajouter **0** fr. 40 par volume pour le port par la poste.)

DOM A. DU BOURG

O. S. B.

PRIEUR DE SAINTE-MARIE

HUYSMANS INTIME

—

Extrait de la Revue « *Le Bloc catholique* »

PARIS

LIBRAIRIE DES SAINTS-PÈRES

83, RUE DES SAINTS-PÈRES, 83

—

1908

HUYSMANS INTIME

L'homme, être essentiellement composé, passe sa vie à exhiber les multiples aspects de son inconstance et de sa mobilité. Toutes les situations qui se succèdent pour lui, toutes les fonctions qu'il est appelé à remplir tour à tour, tous les rôles qu'il joue sur la scène du monde amènent des changements profonds dans son attitude, dans ses manières d'être, dans les expressions de son verbe intérieur; on est parfois surpris, quand il est possible de le faire, en pénétrant dans l'intimité de la vie privée de l'orateur dont on vient d'applaudir l'éloquence, ou de l'auteur dont on a savouré les pages charmantes et émues; le maître a alors dépouillé toutes les pompes, toutes les séductions étudiées de sa parole publique; il n'est plus que l'homme d'esprit en robe de chambre, nous dévoilant sans apprêts les réalités de son intel-

1.

ligence et de son cœur. J'estime que l'étude d'une personnalité marquante dans le monde des lettres et de la pensée serait bien incomplète, si elle se bornait à l'appréciation de l'œuvre publique; si on ne parvenait pas à pénétrer dans le cabinet de travail et à recueillir dans les charmes et les sincérités de la conversation intime les indications réelles sur cette pensée humaine. Ces deux études doivent se compléter l'une l'autre, s'illuminer réciproquement pour résoudre des questions qui souvent restent mystérieusement enveloppées dans le convenu des formes extérieures et fournir les éléments d'une sérieuse psychologie.

Chez Huysmans, plus que chez la plupart des autres, était frappant le contraste entre ces deux parties de son existence : la simplicité naturelle, chrétienne et affable de l'homme privé semblait difficilement concorder avec ce mélange étrange et heurté de surnaturelles beautés et du réalisme vigoureux, parfois répugnant, de ses peintures, avec les hardiesses savamment étudiées de son style à facettes, avec ce mélange de sublimités et de trivialités, qui étonne et déconcerte l'admiration aussi bien que la critique.

L'auteur de *En Route* a occupé une place trop grande et trop originale dans le monde litté-

raire de son époque; il a excité trop d'enthou-
siasme et aussi trop de répulsion, pour passer
inaperçu. Aussi, dès que la mort est venue im-
primer son sceau mystérieux sur cette existence
humaine, les journaux et les revues se sont em-
pressés de consacrer à cette œuvre littéraire
qui vient de se clore, et qui va des dépravations
des *Sœurs Vaffard* aux envolées mystiques des
Foules de Lourdes, des comptes rendus curieux
et sympathiques; dans ces comptes rendus, l'admiration prédomine pour la sincérité de
l'homme, pour les inimitables puissances de sa
palette; mais souvent aussi des réserves se pro-
duisent, des protestations s'échappent, et devant
un mystère que pour quelques-uns les héroïci-
tés de la fin n'ont point suffi à éclairer, un point
d'interrogation se pose.

Pour résoudre ces problèmes, dissiper ces té-
nèbres et par là préparer les éléments d'une étude
vraie et complète sur celui qui vient de disparaître et sur son œuvre, pénétrons, si vous le
voulez bien, dans son intimité. Peut-être suis-
je qualifié, plus que bien d'autres, pour cette
incursion dans le domaine privé de ce chrétien
que j'ai tant connu, tant aimé, et que je pleure :
aussi, malgré mon insuffisance, j'ose aborder la
tâche, désireux de venger la mémoire de mon

cher Huysmans des doutes qui planent encore, des insinuations qui, parfois, se font jour sur la sincérité de sa conversion.

Je me sens d'autant plus à l'aise pour combattre ces doutes que je les ai moi-même partagés jadis. Au fond de mon monastère, j'avais appris le retour à Dieu de Huysmans; j'avais lu, avec un intérêt mêlé de surprise, cet étrange chef-d'œuvre qui s'appelle *En Route* et qui redit les différentes phases de ce retour. La lecture de cet ouvrage, qui a tant fait de bien aux âmes, ne triompha pas tout d'abord de mes répugnances : mon cœur, ému par la sincérité et la sublimité de certaines pages, se révoltait contre le réalisme voulu et outrancier de certaines autres que mes sentiments de prêtre et mes goûts littéraires de vieillard se refusaient à admettre. C'est que je ne connaissais pas encore Huysmans.

La Providence allait me fournir ce privilège dont je lui rends de profondes actions de grâces. Le vent de la persécution avait soufflé en tempête, renversant nos monastères, dispersant nos moines. Un jour, nous nous trouvâmes, le Prieur jeté hors de son moutier que la tourmente venait de moissonner dans l'épanouissement de sa jeunesse et malgré les promesses de l'avenir, et l'oblat, exilé de la maison de paix où il était venu enfouir son existence, à l'ombre de la vieille abbaye maintenant abandonnée, réunis sous le toit où les Bénédictines du Temple offraient leur religieuse hospitalité à leurs frères proscrits. De ce rapprochement inattendu et providentiel prirent naissance des relations charmantes et intimes, que les années ne devaient que rendre plus charmantes et plus intimes et qui sont un des plus précieux souvenirs de ma vie de prêtre et de moine. Les préventions de la veille s'étaient évanouies. Désormais je connaissais Huysmans.

Pour ce *voyage autour de la chambre* que je propose, j'ai du reste un inappréciable auxiliaire qui en facilitera singulièrement l'exécution. Peu de temps après sa conversion, Huysmans vint passer quelques jours de récollection dans le vieux et illustre monastère de Saint-Wandrille, que la Providence venait de rendre à l'Ordre de Saint-Benoît et dont les fils du grand Patriarche commençaient à animer les majestueuses solitudes, faisant retentir de nouveau du chant sacré les voûtes disputées au vert sombre du lierre et à la ruine envahissante. Dans la colonie de jeunes moines que Ligugé avait envoyée pour relever l'antique abbaye normande, se trouvait un religieux à l'âme ardente et mystique qui consacrait toutes les puissances de sa foi et de son cœur à pénétrer dans les Saintes Écritures pour en retirer les leçons et exemples adaptés aux besoins présents. Ces deux âmes se comprirent et s'attachèrent l'une à l'autre ; de ces conversations engagées sous les grandes futaies de Fontenelle naquirent une amitié surnaturelle et de fréquentes correspondances entre le moine et l'oblat. Ce sont ces correspondances, que mon confrère a bien voulu mettre à ma disposition, qui vont me permettre de présenter de Huysmans un portrait peint par lui-même.

Huysmans dans sa cellule

Il n'est pas d'autre appellation qui puisse convenir au modeste et austère appartement où Huysmans est venu abriter les derniers jours de sa vie et où nous allons le suivre. Les cinq étages qui le séparent du sol de la chaussée empêchent les bruits de la calme rue Saint-Placide de monter jusqu'à lui et les incalculables marches d'un escalier, que n'accompagne pas la cage du moderne ascenseur, constituent contre les relations vulgaires un obstacle que, seul, affronte l'ami attendu et désiré. En haut, dès que la porte s'ouvre, nous pénétrons, à travers les bibelots artistiques de l'antichambre, dans le cabinet de travail et de prières à l'aspect grave et religieux. Les murailles disparaissent sous les rayons de la bibliothèque où les livres nombreux soigneusement reliés, rangés et époussetés avec une exactitude jamais en défaut, nous disent la passion du maître du logis. Nous n'avons qu'à jeter un

coup d'œil sur les richesses de cette bibliothèque,
pour connaître Huysmans ; au milieu des trésors
de littérature et d'érudition historique et archéo-
logique accumulés sur les rayons, les écrivains
de haute spiritualité, les auteurs mystiques abon-
dent ; et ici, ce n'est pas le collectionneur biblio-
phile qui les a curieusement ramassés dans ses
excursions quotidiennes sur les quais de Paris ;
c'est l'écrivain qui les connaît, qui s'en repaît,
qui s'en inspire pour ses propres œuvres. Dans
les encoignures de l'appartement, sur le cham-
branle de la cheminée, attire notre attention une
foule d'intéressants débris du passé : statues en
pierre ou en bois, aux poses naïves et hiérati-
ques, aux figures illuminées de vie surnaturelle,
encensoirs brunis par les ans et l'usage, reli-
quaires artistiques : tout un musée de l'art et de
la foi du moyen âge. Car, comme l'a si bien dit
l'un de ses panégyristes, Huysmans était un
homme du moyen âge égaré en nos temps.

Au centre de ce cadre artistique et sévère, le
maître est à sa table : il travaille ; sur les pages
de son grand papier, aligné avec l'exactitude et
la régularité de l'ancien bureaucrate au ministère, il trace, de son écriture nerveuse et incisive,
les pages de son futur livre. A l'entrée du visi-
teur, par un mouvement instinctif, il enlève de

devant ses yeux ses immenses lunettes à épaisse garniture en écaille noire, qui lui donnent l'air d'un Nostradamus à la recherche de la pierre philosophale; il descend de son trépied et vous accueille avec son franc et fin sourire. La conversation s'engage, simple et familière; de temps en temps, les saillies pétillent, soulignées par l'éclat de son œil bleu et les malices de son sourire; il juge les événements et les hommes avec sa verve originale, piquante et le plus souvent sans fiel. Puis, il rentre bien vite dans les sujets monastiques, mystiques et liturgiques qui sont son domaine de prédilection et où il va s'abriter des tristesses contemporaines. Parfois, l'artiste se livre à des indignations soudaines, dont les spirituelles et amusantes exagérations font disparaître le fiel : il faut l'entendre lancer ses objurgations contre ces savants « à mine jaune, aux nez crochus et ornés de lorgnons », allant chercher, dans l'arsenal de leur hypercriticisme, des armes pour démolir toutes les charmantes légendes de la tradition chrétienne et élever, au milieu de toutes ces ruines, un autel à leurs érudites personnalités; il faut l'entendre développer sa thèse esthétique : « Tout ce qui est beau vient de Dieu, tout ce qui est laid vient du diable », et de là, englober dans les armées de Satan tous ceux dont les produits offensent les délicatesses de son goût.

Mais il est temps de lui laisser la parole à lui-même et de lui permettre de nous dévoiler, dans les intimités de sa correspondance, les secrètes pensées et les beautés de son âme.

> « 30 décembre 1894, Paris.

. . . .

« ... Je suis allé me consoler un peu de tout cela à Chartres, le jour de Noël. L'admirable cathédrale ! pleine d'effluves célestes. Vraiment, à cinq heures du matin, dans la vieille crypte, on baigne dans une piété vraiment touchante de braves gens et l'on y communie mieux que partout.

« Certainement, la Sainte Vierge vous y aide à vous laver l'âme. Je vais, tous les ans à la même époque, la voir dans cet ancien sanctuaire et toujours j'éprouve la même impression de douce joie et de pardon.

« Je me réconforte pour recommencer la vie de Paris qui est vraiment terrible ; car, avec toutes ses occupations, on est forcément distrait de Dieu et mal soutenu, gêné même par le milieu, si loin de méditations possibles et d'églises calmes ! je vous envie, et c'est vrai, de pouvoir faire le bien et de vivre dans la solitude en Dieu. Ah !

Seigneur, ce que j'avais rêvé de monastères pour m'y retirer dans trois ans, quand j'aurai ma retraite, et tout est maintenant par terre! La pauvre humanité, avec son cortège de défauts, ne meurt décidément pas, même lorsqu'on est chez Dieu, ici-bas! Je cherche les œuvres de sainte Hildegarde, pour l'instant. Je trouve dans Touler un mot d'elle, terrible, sinistre et équitable : « Dieu ne réside pas dans les corps vigoureux et bien portants. » — Il me semble, et heureusement, nous possédons assez peu de santé pour pouvoir le recevoir, — s'il voulait...

« Paris, 3 septembre 1895.

« J'ai reçu vos deux lettres qui m'ont réjoui : d'abord, je vous vois en bonne santé, puis à Lourdes, et ayant échappé à un accident de chemin de fer. Il me semble que la bonne Vierge vous a réellement témoigné sa douce affection cette année. J'en suis tout heureux pour vous et, égoïstement, un peu pour moi, espérant que la charité de votre souverain me vaudra des grâces...

« Mais Dieu me fait goûter un supplice particulier : ne pouvoir s'occuper de lui, être avec lui, alors qu'on le voudrait. C'est alors que le cloître apparaît tel qu'un havre! — et que, de plus en plus et malgré les présumables déboires, on désire vivre la vie du couvent, où au moins l'on ne souffre pas pour soi...

« Comme vous voyez, mon cher Père, je suis un peu mélancolique, par suite de toutes ces masses d'ennuis; au fond, j'ai tort, car je manque de patience. Décidément, que la nature humaine est bête et faible !

« Je me console avec la perspective d'une délicieuse statue de la Sainte Vierge du xve siècle, que je suis en pourparlers pour acheter. C'est une folie que je fais : car la statue est entre les mains des Juifs et les sommes qu'ils en demandent sont effarantes. Mais, si j'ai gagné de l'argent avec *En Route*, c'est peut-être le moins que j'enlève *la Chère* des mains de ces gens-là. Si je l'ai, l'abbé Ferret doit venir la bénir, entre amis, à la maison. Ce sera, au moins, un bon moment dans cette chienne de vie...

« J.-K. H. »

La pensée du cloître qui apparaît dans ses lettres prenait consistance et Huysmans fit des tentatives sérieuses pour sa mise à exécution.

Voici ce que nous lisons dans un billet du 26 décembre 1896 :

. . . .

« Je suis allé à Solesmes cette année et j'y

ai passé de très douces heures. Peut-être, à la fin de l'an prochain (1897), y passerai-je non plus des heures..... mais des années. Enfin, cela regarde la Sainte Vierge, entre les mains de laquelle je me remets... »

Là devait se borner l'essai de la bonne volonté ; les dégoûts de la vie, les ardeurs de la piété, les aspirations du dilettantisme artistique pour les beautés de la liturgie et du chant grégorien ne suffisaient pas pour constituer une vocation. Huysmans ne devint pas moine ; il se fit oblat et inaugura dans sa petite retraite de Ligugé cette vie de prières et d'études dont il conserva la ferveur et la régularité, après que la tourmente l'eut rejeté dans la vie du monde.

Il est intéressant de lire dans sa correspondance la part douloureuse qu'il prend aux événements contemporains. Il est de cœur avec les moines proscrits et il assiste avec tristesse et indignation aux ruines qui s'accumulent autour de lui :

« Paris, 30 juillet 1904.

« Mon bien cher Père,

« Je vois, par l'en-tête de votre lettre, que vous êtes installé dans votre nouvelle résidence. Si monastique qu'elle puisse être, je vous la souhaiterais de courte durée, si vraiment les événements qui se déroulent ne semblaient rendre ces souhaits parfaitement vains. Hélas! les ordres monastiques ne paraissent pas prêts de rentrer de sitôt en France.

« Ici, dans le quartier, c'est le désastre. Les Bénédictines partent; ce qui est pis encore, car ici il s'agit non seulement d'une chapelle conventuelle, mais d'un sanctuaire de la Vierge, l'Abbaye-aux-Bois va fermer ses portes. Les Oiseaux, le Sacré - Cœur sont atteints; bref, c'est la coupe sombre de tous les couvents du quartier.

« Nous allons être réduits à l'église de notre paroisse... en attendant qu'on la ferme à son tour,...

« ... L'exil est évidemment mélancolique, mais je crois qu'en des temps pareils, il est au moins abritant et qu'on y peut au moins travailler en paix...

« J.-K. H. »

Ce n'est pas sans émotion que nous reproduisons cette dernière lettre, écrite au crayon, d'Issy, au moment où, déjà malade, il allait rentrer à Paris, pour y souffrir ce long et cruel martyre, qui allait couronner son existence terrestre :

« Issy, 16 septembre 1906.
3, rue de l'Egalité.

« Mon bien cher Père,

« Je vous remercie de votre affectueuse lettre que je reçois ici sous des arbres pour tâcher de reprendre un peu de forces. Malheureusement, il va falloir, le 20, retourner à Paris, où toutes mes affaires m'appellent et réintégrer la rue Saint-Placide. Ma santé est toujours bien médiocre; mais je vois qu'on va continuer à me mener Là-Haut, par une voie que je n'aurais pas, faute de courage, choisie.

« Dieu sait très bien ce qu'il fait; et il n'y a qu'à répondre : *Amen*. Le malheur est qu'on ne le dit pas, quand on souffre trop, de très bon cœur. Il est vrai qu'on a le droit de gémir, puisque le terrible Dieu de la Genèse ne le reprochait pas au saint bonhomme Job! C'est une consolation!

« Je vois par votre lettre, mon cher Père, que vous avez, vous aussi, passé par des épreuves corporelles; mais vous êtes un vieux *dur à cuire* du bon Dieu; tandis que, moi, je ne suis qu'une vieille poule mouillée, dont le Seigneur ne ferait pas une poule au pot d'âmes savoureuse. Ah! non.

« Les affaires vont joliment mal en France et je vous envie d'être à l'étranger, dans un havre où vous pouvez dire la messe, tranquille. Je me demande si bientôt, nous, nous aurons des messes... »

« J.-K. H. »

Huysmans dans ses livres

—

Tout ce que nous venons de dire a affirmé la sincérité de la conversion de Huysmans, a montré l'ardeur de cette foi et de cette piété dont il avait fait la base ou plutôt l'essence de sa vie, mi-partie monastique, mi-partie littéraire, mais n'a pas apporté la solution au problème indiqué : les nuages enveloppant cette originale personnalité n'ont fait peut-être que s'épaissir.

D'où vient donc ce contraste qui existe et persévère, déroutant et choquant, entre les sentiments de foi vive, d'ardente charité, de mysticisme profond du converti et toutes ces pages virulentes, satiriques et caricaturesques qui surgissent si nombreuses dans ses œuvres? Toutes les fois qu'il rencontre, même dans la religion, un objet ou un personnage qui choque son goût artistique, son purisme esthétique et liturgique, il les met en saillie et les flagelle avec un brio endiablé et souvent sans le respect dû, étonnant et scandalisant même certains.

La grâce de Dieu, en conquérant une âme, la surnaturalise dans sa vie, dans ses actes, dans le but qu'elle poursuit, dans l'idéal qu'elle se propose; mais elle n'altère pas ses caractères personnels. Converti, Huysmans reste Huysmans, et c'est dans cette persistance même qu'il puisera sa puissance pour le bien. Si, à la place du Huysmans des anciens jours avec sa forme originale, avec ses qualités et aussi ses défauts, eût surgi un écrivain s'exprimant avec une irréprochable correction et comme tout le monde, aurait-il été un des grands remueurs d'âmes de son époque! Comme le disait avec infiniment d'esprit et de vérité un de ceux qui l'ont le mieux compris et analysé (1), Huysmans était un de ces primitifs flamands dont les peintures, d'un surnaturalisme idéal, illuminées de reflets célestes, émergent, lumineuses, du milieu de leurs ribauderies, de leurs caricatures, de leurs débauches grimaçantes. Primitif flamand, il l'était par origine, par instinct, par la manière littéraire qu'il s'était donnée et qui n'appartient qu'à lui. Il ne pouvait pas être autre chose et, qui plus est, il ne le voulut pas.

C'est ce que viennent nous apprendre les deux lettres suivantes, qui éclairent d'une ma-

____

(1) M. Suau, *Études*, n° du 20 décembre 1906.

nière définitive la question du faire de Huysmans converti :

« Paris, ce 25 février 1895.

« Vous recevrez, en même temps que ce griffonnage, mon nouveau livre. Il défend de son mieux l'Ordre Bénédictin et surtout les Trappes.

« En le lisant, n'oubliez pas ce point de vue, qu'il n'est pas écrit, en somme, pour des catholiques, mais surtout pour le monde intellectuel de Paris. Il y a, parmi ces gens-là, une sorte de courant mystique dévoyé. *En Route* peut canaliser cela. J'y ai donné une sorte de résumé des auteurs mystiques, de notre bonne sainte Angèle, qu'elle aidera à faire connaître dans ce monde.

« Mais il fallait, dans un livre pour un tel public, faire la part du feu, si l'on voulait être écouté. Aussi ai-je dû jeter à l'eau bien des choses, tout le côté dévotionnette, au profit de la haute mystique. J'ai dû aussi dire la vérité sur le clergé qui ne l'aime guère. Bref, il y a à boire et à manger dans tout cela.

« Mais le livre est entièrement sincère. C'est une vraie confession d'âme, un essai de célébrer la splendeur des liturgies, l'art admirable de l'Église.

« Maintenant, il est une autre question. Je vais déchaîner contre moi tous les juifs et francs-maçons qui nous gouvernent, avec ce livre de catholicisme enragé.

« Il n'y a qu'un moyen de me couvrir, c'est la prière. Voulez-vous apporter une pierre au rempart d'oraisons que je dois bien construire et faire construire pour me mettre à l'abri ? Si vous vouliez bien demander à la Sainte Vierge qu'elle me protège et m'empêche d'avoir des ennuis au ministère, vous me rendrez un bien grand service... »

Le bon religieux, à qui étaient adressés la lettre et l'ouvrage, aimait Huysmans d'une charité trop chrétienne et trop sincère pour ne pas dire la vérité entière et, après avoir exprimé ses enthousiasmes, déguiser ses critiques et les regrets inspirés par certains passages à son cœur d'ami et de moine. Huysmans répond à ces critiques par cette nouvelle lettre qui développe la thèse exposée dans la première :

« Paris, le 3 avril 1895.

« Les observations que vous suggère la lecture d'*En Route* sont justes, au point de vue que vous envisagez forcément. Des pages auraient dû être supprimées dans ce cas, je le sais bien. Mais si je considère le public non catholique auquel je m'adresse, je risquais, en n'étant ni carré ni franc, de compromettre le tout. Puis quoi? Qu'est-ce qu'un catholique? Un homme bien portant ou guéri. Les autres, des malades. Il faut les traiter. Leur donnerez-vous à tous les mêmes remèdes? Non, n'est-ce pas. Vous admettrez bien que les très malades, tels que je fus — et ils sont nombreux — ne seraient pas guéris avec des remèdes doux. Il faut leur faire rendre la vie, leur donner l'émétique. Eh bien ! mon livre a été pour eux un peu cela, un vomitif d'âme.

« C'est un remède énergique et désagréable peut-être à prendre. Mais, s'il guérit, ne fût-ce qu'un malade — et ce fait est, — quel médecin pourra maudire ce remède ?

« Et ce livre a fait des conversions que je connais ; d'autres sont prêtes ; cela étonne bien des prêtres qui le constatent, puisqu'ils en sont les témoins, mais c'est ainsi. C'étaient, à coup sûr, des gens bien malades ceux-là, et qui se sont appliqué cette médecine de cheval. N'est-ce pas la meilleure récompense que le bon Dieu m'ait donnée de mes efforts ?

« Il fait servir le très imparfait au bien. Il est admirable. Au fond, ce qui m'inquiète bien plus

que tous les livres, c'est de ne pas assez l'aimer.
— Je crois que je l'aime bien tout de même, mais
je ne le sens pas et j'en souffre. »

Dès lors la voie est ouverte ; Huysmans s'y
avance avec fidélité, poursuivant toujours son
but de servir la cause de Dieu et de faire du bien
aux âmes. Sa vie se jalonne à espaces rapprochés
de la *Cathédrale*, de l'*Oblat*, de *Sainte Lidwine*,
des *Foules de Lourdes*, son dernier chant d'amour
en l'honneur de la Vierge Immaculée. Ces
ouvrages, dont les couvertures portent comme
estampille la médaille de saint Benoît pour les
distinguer de leurs aînés, marquent autant
d'étapes dans la marche en avant où les envolées
vers le ciel sont plus lumineuses, où les ombres
s'atténuent et se raréfient.

Dans l'œuvre littéraire de Huysmans subsistait
cette nombreuse et triste moisson des premières
années, les romans qu'il avait écrits dans les
lamentables entraînements d'un réalisme sans
frein, et dont le souvenir pesait sur son âme ra-
menée à Dieu.

Certes, s'il avait été en son pouvoir de le faire,
il eût été heureux, comme Paul Féval, de consacrer les débris d'une aisance disparue à racheter,
pour les faire disparaître, les œuvres du passé et
à décharger ainsi sa conscience. Certes, il se fût

écrié, comme cet autre converti, Adolphe Retté :
« C'est là aujourd'hui un de mes plus grands
sujets d'affliction. — Aussi je prie les chrétiens,
entre les mains de qui tomberont quelques-uns
des écrits où je m'égarais de la sorte, de les dé-
truire par le feu. Ce sera une bonne œuvre (1). »

Mais Huysmans, qui avait vendu à un éditeur
toute son œuvre littéraire, se trouvait dans l'im-
puissance pour ces réparations posthumes. Pour
satisfaire au devoir qui s'imposait à sa conscience, il publia, à l'occasion de la réédition
d'*A Rebours*, une de ses tristes productions
d'antan, une préface où il répudiait toute l'œuvre
du passé et éloquemment proclamait sa foi de
chrétien. Après avoir dit avec une émotion com-
municative les merveilles opérées par la grâce
pour sa conversion, après avoir montré cette
marche inconsciente vers Dieu, dont il avait mis
sans s'en douter l'orientation dans son ouvrage
d'*A Rebours*, il termine par cette déclara-
tion :

« Dans ce tohu-bohu, un seul écrivain vit clair,
Barbey d'Aurevilly, qui ne me connaissait nul-
lement, d'ailleurs. Dans un article du *Constitu-
tionnel* portant la date du 28 juillet 1884, qui a

---

(1) *Du diable à Dieu*, p. 28.

été recueilli dans son volume *le Roman con-temporain* paru l'an dernier, il écrivit :

« *Après un tel livre, il ne reste plus à l'auteur*
« *qu'à choisir entre la bouche d'un pistolet ou les*
« *pieds de la Croix.* »

« C'est fait.

« J.-K. HUYSMANS. »

Le dernier
et le plus magnifique des livres
de Huysmans [1]

Malgré le titre qui s'est imposé à moi pour cet
article, parce qu'il en résumait exactement la
pensée, mon intention n'est pas de parler du dernier des ouvrages publiés par Huysmans, *les
Foules de Lourdes*. C'est pourtant, suivant moi,
le chef-d'œuvre, ce dernier-né, objet de ses pré-
dilections : nulle part, malgré la vigoureuse personnalité dont il n'a su se défaire et qui était un
merveilleux moyen d'atteindre le but proposé,
ses qualités exceptionnelles de pensée et de style
ne se sont épanouies plus admirablement; nulle
part ne s'élèvent plus nombreuses et plus pures,

---

(1) Comme complément de ce qui précède, j'insère ici les
parties principales de l'article que j'ai composé au retour des
obsèques de Huysmans et qu'a publié le *Bulletin de Saint-
Martin et de Saint-Benoît* de Ligugé, dans son numéro de juillet 1907.

du milieu des rudes peintures du primitif flamand, ces surnaturelles et éloquentes envolées
vers la Vierge Immaculée, dont il s'était fait le
chevalier, vers le ciel où elle l'attendait.

C'est d'un autre livre que nous avons à parler :
livre avec lequel les *Foules de Lourdes* ont
d'étranges connexions et, d'une manière mysté-
rieuse, s'enchevêtrent : livre qui n'a pas été
écrit, mais dont, avec émotion, j'ai vu se dérouler
devant moi les pages sublimes. Ce livre, Huysmans l'a vécu par ses souffrances et ses héroïques
résignations ; ou plutôt, Dieu l'a écrit au moyen
des souffrances et des résignations de Huysmans.
Quel poème sublime que celui-là ! Comme
l'homme s'élève au-dessus du vulgaire de l'humanité quand il porte, en frère du Christ, la croix;
quand, comme Huysmans, il souffre tant et sait
si bien souffrir ! Pour moi, c'était avec un senti-
ment de religieux respect qu'au haut de son
cinquième étage, je pénétrais dans ce cabinet si
éloigné de la terre, si près du ciel : là je retrou-
vais notre cher ami, dans son cadre habituel, au
milieu de ses livres qu'il ne pouvait plus lire,
ayant devant lui la page inachevée qu'il n'avait
pu écrire et offrant son holocauste. Ces traits
émaciés, déformés par la maladie, s'illuminaient
des rayons de son regard doux et limpide, qu'il

attachait obstinément sur son crucifix. Au milieu
des douleurs qui le déchiraient, qui faisaient
tomber lambeau par lambeau son pauvre être
humain, ses lèvres ne cessaient de murmurer
leur inlassable *fiat*. Parfois son lyrisme de poète
et les ardeurs de son âme éclataient en des cris
sublimes qui faisaient trembler la nature, mais
que je conserve gravés dans mon cœur, pour
éclairer ma route et me plonger dans l'humilité.
— A ses médecins qui, pour apaiser ses douleurs
intolérables, voulaient employer des piqûres de
morphine, il s'écriait : « Ah! vous voulez m'em-
pêcher de souffrir! vous voulez changer les
souffrances du bon Dieu en mauvaises jouis-
sances de la terre! Je vous le défends! » Dans les
derniers temps du carême, il me disait: « J'ai
fait un beau rêve: comme je voudrais qu'il se
réalise! — Je suis bien sur la Croix avec Jésus.
Oh! si le bon maître voulait, comme il le fit
pour Dismas, le larron converti, me prendre le
Vendredi Saint ! » Le vœu de Huysmans ne fut
pas exaucé; il restait de la lie au fond du calice:
héroïquement il la but.

Les douleurs devenaient de jour en jour plus
intolérables, les forces s'en allaient ; la paroi de
la bouche était perforée par le mal implacable
et la nourriture ne parvenait qu'au milieu des

répugnantes décompositions de l'être humain.
Notre ami commun, Coppée, l'auteur de la *Bonne
Souffrance*, disait devant ces tortures et cette
paix : « Huysmans — il s'est décrit lui-même
dans sainte Lidwine ! » L'image était saisissante :
dans la vierge qui s'était offerte comme victime
expiatrice et dont son pinceau avait si magistra-
lement dépeint les tortures corporelles et les
spirituelles élévations, Huysmans pouvait con-
templer son image.

Par ce martyre qu'il permettait pour Huysmans, en le soutenant de sa grâce, Dieu voulait
estampiller les œuvres de son serviteur de bonne
volonté, en présence de ceux qui persistaient à
douter de lui : « Il me fallait, disait-il, souffrir
tout cela, pour que ceux qui liront mes œuvres
sachent que je n'ai pas fait que de la littérature.
Il me fallait souffrir mon œuvre ! »

Non ! il n'avait pas fait que de la littérature ;
il avait combattu avec toutes ses forces, toute
son intelligence et tout son cœur, pour la gloire
de Dieu, la défense de la vérité, le bien des
âmes. Devant l'héroïsme de la résignation chrétienne, les doutes n'ont qu'à se taire et à s'incliner
avec respect.

Désormais, la mesure des souffrances expia-
trices et celle de l'humaine patience étaient

combles : l'heure de la délivrance avait sonné. Doucement, l'ange du Seigneur vint faire tomber les chaînes et transporter du sommeil de la terre à l'éternel repos l'âme de celui qui a fini de souffrir et qui, ravi, a entendu la sentence prononcée par saint Jacques en faveur des crucifiés de la terre :

« *Beatus qui suffert tentationem, quoniam, cum probatus fuerit, accipiet coronam vitæ quam repromisit Deus diligentibus se.* »

TABLE DES MATIÈRES

Paris. — Imp. Levé, 71, rue de Rennes.